La libération des oiseaux

BERTRAND SOLET

Images de Marcelino Truong

RUE DU MONDE

1

DES AVIONS ET DES POMMES DE TERRE

Juin 1944

La nuit pèse sur la terre plus fort que d'habitude à cause des lourds nuages apparus dans le ciel ; la campagne est devenue sombre ; fermer les volets de la chambre ne changera pas grand-chose. Je me couche.

D'abord, il ne se passe rien. Mais le bruit vient vite, comme des ronrons lointains que ferait un chat au-dessus de la maison. J'ai peur de ce bruit.

Quand on a peur, le cœur se serre, une boule s'installe dans la gorge. Je ne voudrais pas avoir peur.
Le bruit, c'est les avions anglais ; ils viennent souvent jeter des bombes sur la grande gare pour gêner les transports de l'armée allemande. La gare se trouve à bonne distance, mais, dans le noir, les Anglais peuvent se tromper, jeter des bombes sur la ferme.
Maman m'a dit : « Je reviendrai vite te chercher. » Maman ne ment jamais. N'empêche qu'en attendant je me trouve loin d'elle, et loin de papa. Le jour, ça va à peu près ; le soir, c'est autre chose.
Tante Jeanne ne veut pas que je laisse la lumière allumée : « D'abord, dit-elle, l'électricité coûte cher, et puis c'est interdit par les Allemands à cause des avions anglais. »

Tante Jeanne n'est pas plus ma tante que son mari Gustave n'est mon oncle. On fait semblant, comme ça les gens du village ne posent pas de questions. Parfois je pense que c'est dommage : s'ils étaient vraiment des parents, peut-être que j'aurais moins envie de parler aux oiseaux.

Ici, je ne vais pas à l'école, car l'année scolaire va bientôt se terminer. D'un côté, mon école de Paris me manque, mais, d'un autre côté, ça ne me plairait pas de me retrouver dans une classe avec des inconnus.
J'aide aux travaux de la ferme, je garde les oies. La fermière tient à ce qu'on les surveille. Il paraît que par les temps qui courent, comme on manque de tout en ville, chacune d'elles vaut une fortune. Seulement, je n'aime pas les oies, et les

oies ne m'aiment pas non plus. Dès qu'elles m'aperçoivent, elles dressent leur long cou, agitent les ailes et poussent des cris perçants en avançant vers moi, menaçantes. Heureusement que je suis armé d'une longue baguette ; je la fais siffler dans les airs, les oies sont bien obligées de reculer et de m'obéir.

J'aime mieux les oiseaux que les oies ; je leur parle, je leur demande si je retournerai bientôt chez moi, dans combien de jours ? Par malheur ils sont trop pressés pour m'écouter longtemps. Sûrement que leurs petits piaillent en attendant des vers de terre. Frout, et voilà l'oiseau envolé d'un coup d'ailes. Dommage.

Je pense à Oscar, le pigeon qui gîte au-dessus du balcon de notre appartement, à Paris. J'espère que personne ne l'a attrapé pour le manger. C'est là une chose fréquente en cette période.

Jeanne et Gustave disent que la guerre va bientôt se terminer. Quand nous avons appris au début du mois le débarquement des Anglais et des Américains en Normandie, le village s'est animé. On en parlait partout, les visages s'éclaircissaient, les yeux brillaient... Le même jour, c'était le 6 juin, Gustave a accroché au mur de l'arrière-cuisine une carte de France, avec des punaises dessus, sur chaque endroit où des combats se déroulent. Gustave hoche la tête ; pour l'instant, il ne déplace pas beaucoup ses punaises sur la carte : « Ça va venir, dit-il, ça va venir. On va les voir déguerpir d'un seul coup, les Boches ! »
On dirait que le ronron des avions a

disparu. Je respire. Ah, si seulement maman était là !

C'est le matin, les nuages ont dû s'en aller car le soleil passe sous le volet ; sa lumière chauffe et suffit à rendre la chambre claire. Il est sûrement tard déjà, je vais me faire attraper.
Tante Jeanne balaie la cuisine. Elle s'exclame :
– Ah ! Te voilà enfin ! Dépêche-toi, Gustave t'attend, il y a de l'herbe à couper pour les bêtes. Ton bol est sur la table, le pain aussi. Et avant de partir, tu vas te débarbouiller sous le robinet.
Je m'empresse. À peine suis-je assis devant mon petit-déjeuner qu'on frappe à la porte et que Mme Evrard paraît. C'est une voisine... ou presque, puisque sa maison se trouve tout de même à un kilomètre de la ferme.

– Bonjour, Jeanne, toi aussi, petit.
Petit, c'est moi. Je réponds, maman insiste pour que je sois poli avec tout le monde. Mais, en vérité, je n'aime pas plus Mme Evrard que les oies. Elle a un vilain regard ; j'ai toujours envie en la voyant d'attraper une aiguille à tricoter pour dégonfler son ventre, ses fesses et sa poitrine, qui font autant de bosses sous sa robe noire.
Mme Evrard s'assied, tout essoufflée.
– Jeanne, je voulais savoir s'il te reste des pommes de terre ?
Ma tante lève un regard méfiant.
– Eh oui, reprend la voisine, moi, je n'en ai plus, j'ai tout vendu. Et j'ai un client qui doit venir ce matin. Il est prêt à payer un bon prix ; tu en profiteras si tu veux.
Mme Evrard fait du marché noir, c'est-à-dire qu'elle vend très cher des

produits qu'on ne trouve plus en ville, ou qu'on ne peut acheter qu'en petite quantité, avec des tickets d'alimentation fournis par la mairie. Tante Jeanne refuse toujours de lui donner quoi que ce soit. Et cette fois encore :

– Je suis désolée, dit-elle. On a tout mangé, ou presque.

– Tu es sûre ?

– Certaine.

Mme Evrard respire un grand coup en se relevant.

– Bon, c'est comme tu veux. Chacun voit les choses à sa façon.

Je quitte ma chaise. La voisine est déjà sortie. Lorsqu'elle arrive à l'entrée du sentier, elle se tourne.

– À propos, lance-t-elle, on dit que les Allemands rôdent dans les environs et qu'ils sont nerveux. Moi, ça m'est égal,

je n'ai rien à me reprocher. C'est pas comme certains. Je voulais te prévenir.
Ces paroles me troublent ; tante Jeanne reste impassible. Elle s'adresse à moi de sa voix toujours un peu sèche :
– Ne reste pas planté là, Laurent, Gustave t'attend.
La journée passe, je travaille dur. Gustave a de fortes épaules, de grosses moustaches, et un caractère plutôt bourru. Ce qui me plaît en lui, c'est sa force, et l'impression que j'ai de pouvoir lui faire confiance. Jeanne, c'est autre chose, elle m'énerve à toujours vouloir commander.

Le soir vient, on écoute la radio anglaise ; c'est de Londres que le général de Gaulle appelle à résister aux envahisseurs ; les fermiers semblent plutôt contents, Gustave bouge ses punaises sur la carte de France ; il les éloigne quelque peu des côtes normandes où les soldats alliés ont débarqué. C'est signe que les Allemands reculent.

Après cela, je monte me coucher dans ma chambre, près du grenier. Tandis que je ferme les volets, j'aperçois Gustave dehors, en train de fixer à l'arrière de son vélo un gros sac qui semble lourd. Le vélo est appuyé au tronc du grand cerisier, à gauche de la maison. Gustave enfourche son engin. Il ne prend pas la direction du village, mais se dirige au contraire vers les grands bois de Saint-Martin, juste à l'opposé, sans allumer son phare.

Que va-t-il faire par là-bas ? On a parlé devant moi à plusieurs reprises des jeunes, réfugiés dans la forêt pour ne pas être obligés de partir travailler en

Allemagne. Non seulement ils se cachent, mais ils possèdent aussi des armes, et attaquent les soldats nazis dans les environs. C'est ce qu'on appelle un maquis. Mon oncle irait au maquis, pourquoi ?
Gustave disparaît au détour du chemin. La lune brille dans le ciel clair, nous sommes presque en été.

Cette nuit, je n'entends aucun bruit d'avion. Le silence est profond, inquiétant ; même les oiseaux se sont tus, bien sûr. Je pense à mes parents, mon cœur se serre, j'ai envie de pleurer une nouvelle fois, pour changer.

2

Le feu

Le malheur arrive vite ce matin ; je parle à un bouvreuil au ventre rouge, sans faire attention à rien d'autre. L'oiseau semble attentif, ce qui est rare ; soudain, il s'envole, et moi je sursaute en me retournant.
Un camion vient de s'arrêter devant la ferme, un autre le suit. Des soldats allemands sautent des plates-formes. Ils sont casqués, armés, ils se précipitent de tous côtés.
Mon cœur s'affole ; sans réfléchir, je me jette à l'abri d'un buisson,

je m'enfonce dedans, et tant pis pour les ronces.
Grondement plus puissant : c'est un tank qui surgit maintenant, glissant sur ses chenilles, peint de taches sombres, couvert de branches feuillues en guise de camouflage. Un canon pointe de sa tourelle qui bouge lentement, telle une tête de monstre.
Je voudrais que la terre m'engloutisse !
Jeanne et Gustave paraissent, poussés avec rudesse hors de la maison par des soldats. Le groupe se retrouve à quelques pas de moi, j'entends des cris, des ordres lancés. J'entends aussi la voix d'un officier (lui porte une casquette), qui interroge les fermiers, le bras tendu en direction de la forêt :
– Il y a un maquis, là-bas ! Vous connaissez ? Ils sont combien ? Je veux savoir, parlez !

Gustave répond qu'il ne sait rien du maquis, qu'il n'a aucun contact avec lui, et que jamais il n'a vu quelqu'un venant des bois de Saint-Martin.
L'officier nazi insiste, menace. Un soldat sort à son tour de la ferme. Sa main brandit la carte de France arrachée du mur où Gustave l'avait fixée. La colère de l'Allemand redouble en apprenant que l'on s'intéresse ici aux progrès du Débarquement.
– Vous ne voulez rien dire sur le maquis ! Eh bien, vous l'aurez voulu !
Il s'éloigne à grands pas des fermiers, que deux hommes encadrent, fusils braqués. Des soldats courent, des bidons d'essence à la main. Et soudain, des flammes jaillissent de la ferme par toutes les ouvertures, porte et fenêtres. Les Allemands y ont mis le feu ; celui-ci se propage vite. Le poulailler et le

clapier sont atteints, ils brûlent encore mieux que la maison, faits de bois, pleins de paille et d'herbe.

Je n'en crois pas mes yeux, l'épouvante m'envahit encore davantage. Jeanne et Gustave se sont figés sur place sans dire un mot. Les soldats lancent dans les camions toute la volaille qu'ils trouvent, les oies en particulier. Ils ne volent que de la nourriture, le reste n'en vaut sûrement pas la peine pour eux.

Flammes hautes, fumée, c'est affreux, je claque des dents ; il ne faut pas longtemps pour que le toit de la ferme s'écroule dans le brasier, jetant dans les airs une nuée de griffes rouges.
C'est alors que Jeanne se tourne vers son mari. Elle parle à voix basse ; moi

je l'entends, pas les soldats, trop occupés par l'incendie. Jeanne dit qu'elle regrette la photo des enfants sur la cheminée. Elle ajoute que c'est une chance que Gustave ait porté la veille au soir ce cadeau de pommes de terre au maquis. Aujourd'hui, il n'aurait pu le faire.

Un ordre est lancé, les soldats poussent les fermiers vers l'un de leurs camions. Où vont-ils les emmener ? Je n'ai que le temps de me poser la question, car le gros tank commence à remuer. Il approche des arbres fruitiers, entreprend de les renverser l'un après l'autre, en appuyant sur les troncs sa lourde masse d'acier ; les arbres tombent avec de sourds craquements.

Le tank roule vers moi. Il va m'écraser, la force me manque pour me lever et fuir. Non, ce n'est pas mon buisson qu'il vise, mais le cerisier qui est près de moi. L'arbre s'abat au sol, si près que je sens ses branches m'effleurer. Mon cri se perd dans le fracas que font à la fois, l'arbre et le moteur du terrible engin !

Lorsque je reprends connaissance, un grand silence m'entoure. Mon short est mouillé entre mes cuisses, et les Allemands ont disparu. Il ne reste de la ferme que des débris fumants, des poutres calcinées, quelques pierres de taille, posées les unes sur les autres, noircies.

Où sont tante Jeanne et Gustave ? Dressé sur mes jambes, je tremble encore. Que faire ? Où aller ? Je ne connais personne au village.

Mais voilà que du bruit se fait à nouveau entendre sur le sentier ; on parle, peut-être que les soldats reviennent ! Ma poitrine s'emballe, je m'élance du côté opposé, en direction de la forêt. Je galope, je galope, la tête brûlante, inondé de sueur.

Combien de temps dure ma course folle, je n'en sais rien. Un bon moment sans doute, puisque je m'arrête parfois pour reprendre haleine, avant de recommencer à courir.

Un cri frappe mes oreilles :

– Halte !

J'obéis. Un homme surgit sur le talus qui surplombe le chemin. Il ne porte pas d'uniforme, seulement un fusil, et il saute pour se retrouver en face de moi, me barrant le passage :

– Qui es-tu ? demande-t-il. Et que fais-tu là ?

J'arrive à répondre malgré mon trouble. J'explique, la ferme, l'arrivée des soldats, la maison en feu, les arbres abattus...

– Ah, c'était donc bien de la fumée que j'ai vue dans le ciel.
L'homme se gratte la tête, semble hésiter. Il se décide enfin :
– Bon, on va voir.
Il siffle avec force. C'est drôlement bien imité, on dirait le cri d'une chouette. Bientôt un autre homme paraît, un revolver enfoncé dans sa ceinture. J'ai compris, je suis arrivé au maquis.
– Faut emmener ce garçon au camp, Antoine, Capitaine décidera.
Antoine a un visage qui me rassure un peu ; il est jeune, souriant. L'autre le met au courant en quelques mots.
– Suis-moi, dit alors Antoine, et ne fais pas cette tête d'enterrement.

Nous nous enfonçons dans la profondeur des bois de Saint-Martin.

Jamais je n'étais venu auparavant de ce côté. Il fait frais sous les feuillages épais des arbres où le soleil pénètre peu... Nous marchons, et rencontrons une nouvelle sentinelle. Ensuite la forêt s'éclaircit, une clairière s'ouvre devant nous, une longue grange s'élève au centre. Près de sa porte pousse un cerisier, semblable à ceux de la ferme. Des hommes sont dispersés, ci et là.

– Nous voilà rendus, m'annonce mon guide.

À peine le temps de terminer sa phrase, que les maquisards nous entourent déjà, curieux de savoir ce qui se passe et qui je suis. Des hommes jeunes pour la plupart, avec, parmi eux, trois ou quatre jeunes filles.

– Alors, raconte !

Celui qui m'écoute avec le plus d'attention, c'est Capitaine, le chef du

maquis, un grand maigre. Il me pose des questions, me parle de mes parents, de Paris. À la fin, il a l'air de me croire :
– Mon garçon, dit-il, je suis désolé pour Jeanne et Gustave. Ce sont des braves, des patriotes, ils nous aident depuis longtemps. Quant à toi, tu comprends qu'on ne peut te garder ici, c'est trop dangereux. Surtout que les troupes allemandes cherchent à nous encercler et qu'elles attaqueront bientôt...
Je dois faire une triste mine, puisqu'il reprend aussitôt :
– Rassure-toi, on ne va pas te chasser. Mais essayer de te trouver au plus tôt un vrai refuge. D'accord ?
Qu'est-ce que je peux dire ? J'essaie de sourire.
– Bon, en attendant, Linette s'occupera de toi.

Linette est blonde, belle. Son sourire est un vrai sourire, pas une grimace comme doit l'être le mien. Elle me pose une main sur l'épaule :

– Viens avec moi, tu vas te reposer un peu. Ensuite tu m'aideras. On a des pommes de terre à éplucher... Ce sont celles de Jeanne et de Gustave.

Je la regarde ; elle ne sourit plus, ses yeux sont emplis de larmes. Pas des larmes de tristesse, je crois, mais plutôt des larmes de fierté ; elle doit penser au courage des fermiers.

3

Il faut fuir encore

À la ferme, on ne voyait pas grand monde, seulement un voisin ou le facteur. Ici, ça bouge tout le temps ; les hommes du maquis partent, reviennent ; certains habitants de la région apportent de la nourriture comme le faisait Gustave... Il y a toujours du bruit dans la clairière, on parle, on chante, on plaisante, on se dispute. Le plus sérieux, c'est sans doute Capitaine ; chacun le respecte, moi je lui fais un reproche, c'est de trop aimer commander, un peu comme tante Jeanne.

Avec cette agitation, aucun oiseau n'approche de la clairière. Ou alors, un seul, parfois, qui doit se tromper de chemin, et qui s'envole tout de suite pour chercher sa nourriture dans un endroit plus calme. Par moment, j'ai envie d'imiter l'oiseau, de m'enfuir. Il me manque les ailes.

Pourtant chacun est plutôt gentil avec moi, surtout Linette. Antoine, c'est son fiancé ; il aime trop rire et me faire marcher :

– Tiens, m'annonce-t-il par exemple, il paraît que la prochaine fois tu m'accompagneras pour saboter la ligne de chemin de fer. Tu verras, c'est facile : on déboulonne un rail, on l'écarte de la traverse, on le bloque pour qu'il ne bouge pas. Et voilà le travail ! Quand la loco des Allemands passe dessus, elle déraille, des wagons avec, un, deux, trois, ça dépend de la vitesse du train. T'inquiète pas, il n'y a pas toujours des gardes-voies pour te tirer dessus à la mitraillette.

– Laisse-le, fait Linette. Et toi, Laurent, ne l'écoute pas.

Linette a beau dire, je ne suis pas tranquille...

Au maquis se trouve aussi Paco, le père de Linette. Il me fait penser à Gustave, à cause de ses moustaches et de ses bras vigoureux. C'est un bûcheron, il connaît la forêt, c'est lui qui indique où doivent se placer les sentinelles et le chemin le plus sûr pour se rendre en ville.

J'épluche les légumes, je fais la vaisselle plus souvent qu'à mon tour. Ça plaît à certains, autant de corvées en moins pour eux. « Je ne t'oublie pas », me répète Capitaine chaque fois qu'il me voit. Je l'ai entendu demander qu'on tende des pièges pour attraper des grives et des merles. Depuis, je fais attention à ce que je mange.

Tous les jours, un poste émetteur relie les maquisards à d'autres résistants. Ils apprennent les progrès que font les troupes débarquées en France, ainsi que des nouvelles d'autres batailles, d'autres victoires en Europe. Ils reçoivent aussi des ordres. C'est l'occasion chaque fois pour Capitaine, de faire un discours, une fois l'appareil éteint :

– Vous avez entendu, les gars, ça va bien. Le jour approche où la France sera libre, où nous n'aurons plus sur le dos ces féroces nazis qui pillent le pays, nous privent de liberté, assassinent des innocents...

Chacun se tait, reste immobile. Capitaine continue :
– Dans les batailles que livrent les Alliés, nous jouons notre rôle, ne l'oubliez pas : chaque fois qu'un train déraille, qu'un pont s'écroule, chaque fois que des soldats allemands sont mis hors de combat, c'est une aide que nous apportons à la cause commune. Si la Résistance n'existait pas, toutes les troupes allemandes de France pourraient aller en Normandie se battre contre les Anglais, les Américains et les Canadiens. À cause de nous, ils ne le peuvent pas, nous les retenons à l'arrière. Nous sommes indispensables, les gars !
Tout le monde est d'accord là-dessus. Chaque soir, des groupes de maquisards quittent le camp pour aller se battre. Moi... je vais me coucher.

J'ai beau essayer de résister, de penser à autre chose, la peur me reprend. Des avions passent toujours au-dessus de nos têtes, mais maintenant, en fermant les yeux, je revois surtout la ferme brûlée, Jeanne et Gustave emmenés par les soldats, et la masse horrible du tank qui écrase les arbres.

Tout bas, j'appelle maman.

Pourquoi m'a-t-elle abandonné ? Qu'elle revienne, qu'elle chasse ma panique, qu'elle me serre dans ses bras, qu'elle m'embrasse...

Lorsqu'elle ne quitte pas la clairière pour une expédition nocturne, Linette se glisse à mon chevet. Elle s'accroupit près de la paillasse, me parle doucement. C'est bon, mais elle n'est pas ma mère.

Quelques jours passent ; je m'habitue à ma vie nouvelle, en dépit des mauvaises nuits et de la peur de trouver des oiseaux morts dans mon assiette.

Hélas, un matin, une fièvre soudaine secoue le camp.

– Rassemblement !

Les maquisards se retrouvent en un instant autour de Capitaine, dont le visage est dur, comme jamais je ne l'ai vu :

– Les Allemands attaquent, les gars ! Ils mettent le paquet, avec tanks et auto-mitrailleuses. D'ici une heure ils seront là, et on n'a pas les moyens de leur résister.

Un bloc tombe sur ma poitrine, la sueur m'inonde brusquement.

– Il faut se disperser, continue Capitaine. Chacun sait où aller, la chose est prévue. Seul un groupe restera avec moi pour retarder l'ennemi. Allez, exécution immédiate !

Pas de panique, tout ira bien !
Aussitôt les maquisards se dispersent.
– Viens avec moi, dit Linette.
Elle m'entraîne vers son père. Paco est en train d'ouvrir une caissette emplie de grenades ; il porte une mitraillette sur le côté, accrochée à une bretelle.
– Papa, appelle Linette.
Paco relève la tête, sourit.
– Tout ira bien, ma grande. T'as entendu ce que disait Capitaine ! On se retrouvera bientôt.
Père et fille s'embrassent très fort ; je comprends que Paco fait partie de ceux qui vont rester face aux Allemands.
Antoine surgit sur ces entrefaites. Il a un air grave, inhabituel.
– Linette, nous partons ensemble, et nous emmenons Laurent.
J'entends et je vois tout, mais je suis incapable de réagir, de bouger même le

petit doigt. Antoine s'adresse à Paco :
– Juste une chose avant de partir.
– Quoi donc ?
– Vous êtes son père, je voudrais vous demander Linette en mariage.
Paco prend un air étonné, mais il rit en même temps
– Tu crois que c'est le moment ? demande-t-il. Qu'il est bête ! On risque notre peau et il veut se marier !
– Justement, c'est le moment, répond Antoine. Pour montrer que nous avons confiance en l'avenir.
Les deux hommes finissent par tomber dans les bras l'un de l'autre. Linette lève les bras au ciel ; elle pleure et rit en même temps. Antoine se tourne vers moi :
– Toi aussi tu as confiance, pas vrai ?
Que répondre ? Les soldats approchent, les tanks, les mitrailleuses...

– On y va !
Les deux jeunes m'attrapent chacun par une main, et nous partons en courant, tous les trois.

4

Le retour

Notre course ralentit, se transforme en simple marche dans les sentiers à peine tracés de la forêt. Tout est calme. Antoine chantonne, je voudrais qu'il se taise. Au premier arrêt, il m'indique :
– On va bientôt se trouver en rase campagne ; il faudra faire attention ; s'il arrive quoi que ce soit, tu suivras Linette, sans t'occuper de moi. Tu as compris ? Mais il ne se passera rien, rassure-toi.
Oui, j'ai compris, ça va continuer, les menaces, les dangers... Ils nous

attendent au sortir des bois de Saint-Martin !

Nous y voilà, le soleil éblouit, des champs s'étendent à perte de vue, une route serpente plus loin...
Je ne veux pas quitter l'abri des arbres ! Sinon, tout le monde pourra me voir, tous les malheurs me tomberont dessus ! Les soldats, les avions. D'un bond, je m'écarte de mes compagnons, je m'enfonce en courant sous le couvert de la forêt, malgré les appels qui me parviennent :
– Laurent ! Reviens !
Je n'écoute pas, je cours aussi vite que je le peux, avant de m'écrouler, hors d'haleine, sur un tapis de mousse.
Qu'on est bien ! Je respire. Un chant d'oiseau se fait entendre. Alouette grise, pinson, moineau des champs ?

Je n'en sais rien. En tout cas ce n'est pas un pigeon, Oscar est loin.
– Sale gosse ! gronde soudain la voix d'Antoine. Ne me refais plus jamais ça !
Sa main me saisit, me redresse. Linette essaye de calmer son ami.
– Il a eu peur, tu dois comprendre.
Elle me passe le bras autour du cou, m'embrasse dans les cheveux. Nous repartons, je suis bien obligé.

La route est atteinte, nous arrivons à un arrêt d'autocar. Antoine regarde sa montre.
– Il ne passera pas avant une bonne heure, dit-il, mieux vaut ne pas attendre ici.
La route borde un champ d'avoine. Nous nous allongeons au milieu des hautes tiges qui nous rendent invisibles.

– Repose-toi, dit Linette. Profite.
Un insecte tombe sur ma jambe, je le chasse du doigt. Un papillon volette au-dessus de ma tête. On ne doit pas toucher ses ailes, il en mourrait, paraît-il. La terre sent bon, comme la forêt. Si je pouvais m'enfoncer dedans, je me retrouverais en Chine. Pour quoi faire ? La Chine est en guerre, elle aussi.
– On y va, dit tout à coup Antoine.
L'autocar arrive, nous grimpons à l'intérieur ; il est presque vide.

Personne ne parle, la campagne défile devant mes yeux ; le balancement de la voiture me calme, je revois le maquis, je pense à tante Jeanne et à Gustave. Que va-t-il se passer maintenant ?
La ville s'annonce, nous descendons au terminus.

L'ami chez qui nous allons est un cheminot à cheveux gris. Il sait où doivent se rendre Linette et Antoine, mais ma présence le gêne visiblement. Il dit que c'est trop risqué en ce moment de me placer chez des gens qu'il connaît, la police s'agite énormément, les Allemands aussi.
Il me demande pourquoi mes parents m'ont envoyé à la campagne ? J'explique que maman est infirmière et que mon père travaille dans un ministère. Ils voulaient peut-être que je mange mieux qu'à Paris ?
– Es-tu juif ?
Les fermiers m'ont mis au courant : les Allemands détestent les juifs, ils les considèrent comme étant de race inférieure, ils veulent tous les exterminer. Seulement, je ne suis pas juif.

– Faut trouver une solution, et vite, fait le cheminot.
Il s'en va, nous laissant seuls dans son logement. Mes amis essaient de me rassurer, ça va aller, disent-ils, on se retrouvera très bientôt, dès la fin de la guerre.

Les événements se précipitent. Le cheminot revient, tout content de lui. Dès la porte franchie, il s'exclame :
– J'ai trouvé ! Un vrai miracle : le frère d'un copain part pour Paris aujourd'hui même. Une affaire de famille. Sa femme et sa fille l'accompagnent, et il accepte de prendre le gamin avec lui. J'ai déjà le billet, et quelqu'un attendra à la gare d'arrivée. Tu reverras tes parents demain, Laurent.
Je n'écoute plus, complètement abasourdi. Maman, demain ! Que va-t-elle

3

dire en me voyant ? Et papa ? En revanche, je dois partir avec des inconnus, quitter Linette et Antoine. Tout se bouscule. À côté, ils discutent, s'interrogent. Et si mes parents ne sont pas chez eux ? Le cheminot se montre rassurant :

– Il y aura toujours des voisins, des proches. De toute façon, je n'ai aucune autre solution à proposer.

Oui, j'ai à peine le temps de réaliser qu'il faut déjà se quitter. J'embrasse Linette et Antoine, je m'accroche à eux, ils me font mille amitiés, mille promesses ; le cheminot m'entraîne.

Nous marchons. D'un seul coup, je revois la gare où nous sommes arrivés, venant de Paris, maman et moi. Nous avançons encore, puis le cheminot s'arrête.

– Regarde, garçon. Tu vois le groupe, l'homme, la femme et la petite fille ?

C'est avec eux que tu vas voyager. Ils t'attendent. Allez, on se quitte.

Le train roule en cahotant. On voit seulement par la fenêtre des ombres grises dans la nuit. Aucune lumière n'a le droit de briller ; seules les étoiles se moquent des interdictions allemandes.
Nora est assise en face de moi. Elle doit avoir mon âge, neuf ans, et fait semblant de dormir ; mais à chaque instant, elle écarte les paupières afin de me dévisager avec curiosité.
Je l'aime mieux que ses parents. Sa mère, je l'ai entendue répéter à son mari qu'il n'aurait jamais dû accepter de m'emmener, que c'était dangereux. Et lui, il baissait la tête en répondant qu'il n'avait pu faire autrement à cause de son frère.
Le train est bondé, des gens emplissent

même le couloir du wagon, assis sur leurs valises. De temps à autre, le train s'arrête, on ne sait pourquoi. J'écoute, craignant d'entendre un avion qui nous bombarderait par erreur... Je m'endors, je m'éveille, je m'endors à nouveau. Nora n'ouvre plus les yeux. Un homme ronfle dans le compartiment où nous sommes.

La nuit s'achève, la lumière éclaire la campagne d'une lueur encore pâle. Nora me sourit. Elle a les cheveux coupés court et des lèvres très rouges, avec des dents blanches bien alignées. Soudain, le couloir s'anime. On entend des bruits de conversation qui enflent, se rapprochent. La porte du compartiment s'ouvre, une silhouette de soldat allemand s'y encadre.
– Contrôle police. Papiers, s'il vous plaît.

L'homme prend les papiers qu'on lui tend, les regarde avec attention. Je crois que mon cœur ne bat plus. Nora me sourit à nouveau.
Le soldat n'a pas un regard pour moi, ni pour Nora d'ailleurs. Il se redresse, recule.
– Bien, dit-il seulement, avant de disparaître.
Les parents de Nora sont pâles. Le monsieur qui ronflait cette nuit gronde entre ses dents :
– Si ce n'est pas malheureux. Heureusement que bientôt...
Il se tait, comprenant qu'il parle trop.

Un peu plus tard, l'agitation grandit une nouvelle fois dans le couloir, Paris s'annonce. Le train s'arrête à la gare de Lyon, les portières s'ouvrent, on se bouscule, on réussit enfin à sortir

du wagon, à se retrouver à l'air libre.
Les gens piétinent, un haut-parleur raconte je ne sais quoi. La foule ne peut s'écouler vite, car, au bout du quai, s'aligne une rangée de soldats et de policiers. Un nouveau contrôle, avec fouille et ouverture des bagages.
Nous avançons. Le père de Nora s'éponge le front à l'aide de son mouchoir, d'une façon très appuyée ; il tourne la tête de tous côtés, attendant visiblement que quelqu'un le remarque.
Tout à coup, une voix m'interpelle :
– C'est toi, Laurent ?
– Oui...
Un employé des chemins de fer me regarde, reconnaissable à sa casquette. Le père de Nora esquisse un sourire. Il est soulagé et range son mouchoir.
– Viens avec moi, reprend l'homme.

Je le suis, juste le temps d'apercevoir la main de Nora levée pour un au revoir. L'employé m'entraîne, me fait traverser une voie, nous atteignons un bâtiment, une porte s'ouvre ; un couloir nous conduit jusqu'à une autre porte. Derrière c'est la rue. Une femme attend.

– Bonjour, Laurent, dit-elle, c'est moi qui vais t'accompagner.

Elle me prend la main, après, tout va très vite, j'ai peine à réaliser ce qui m'arrive. La rame de métro gronde dans le tunnel, station Belleville, les marches escaladées, le décor familier de ma rue apparaît déjà. Je m'exclame, désignant mon immeuble :

– C'est ici ! Pourvu que maman soit à la maison.

Nous passons la porte cochère, je suis plein d'impatience, d'espoir, de crainte.

Mme Simone, la concierge, se trouve à l'entrée de la loge et s'étonne en me voyant :

– Laurent ! Si je m'attendais…

– Maman est-elle là, s'il vous plaît ?

– Oui, je ne l'ai pas encore vue sortir…

Je n'écoute pas davantage et je me lance dans les escaliers.

5

Maman, Paris

Juillet 1944

Je suis bien. Maman me tient dans ses bras. Rien n'a changé dans notre appartement, j'ai retrouvé mon ours, mes voitures… Une chose me manque pourtant : mon père, qui est en voyage. Je raconte tout, les Allemands à la ferme, le tank qui abattait les arbres, ma fuite... Maman pleure. Elle me serre doucement contre elle :

– Mon pauvre chéri, comme tu as dû souffrir, avoir peur... Par bonheur, tu es tombé sur des braves gens, des maquisards, et un réseau de Résistance des chemins de fer. Ils sont bien organisés, ceux-là, ils font un travail magnifique...

– Comment le sais-tu, maman ?

– Je le sais. Je t'expliquerai plus tard. Bientôt. Encore quelques semaines, et nous serons libres. Tout va bien maintenant. Je t'aime.

Ses yeux brillent. Maman a changé ; même si elle est toujours la plus belle, sa figure est creusée, fatiguée. Elle m'avertit :

– J'ai beaucoup de travail en ce moment et je ne peux m'arrêter même un jour. Mme Simone te gardera, elle sera d'accord. Mais je rentrerai chaque soir dès que possible, promis.

Je vais sur le balcon lorsque maman

part dans sa chambre. Rien ne bouge. Oscar est-il là ? Ou bien a-t-il été mangé comme les autres ? Bonheur, le voilà, il se montre, avance sur la corniche en remuant la tête d'un mouvement saccadé. Je suis sûr qu'il me reconnaît ! Je lui répète les paroles de ma mère :

– Encore quelques semaines, et nous serons libres. Tiens le coup, Oscar. Je vais t'apporter des miettes.

Un peu plus tard, maman part à l'hôpital. Comme prévu, notre concierge accepte de m'accueillir. Sa loge n'est pourtant pas grande : la pièce d'entrée, une chambre et une cuisine. Mme Simone est mariée, son époux a eu un accident ; les deux jambes abîmées, il marche avec des béquilles et reste à la maison.

Tandis que je suis allongé sur le lit de la chambre, je le regarde assis devant une carte accrochée au mur. Lui aussi suit au jour le jour, non seulement les progrès du Débarquement, mais encore les opérations militaires en Europe ; tout ça, à l'aide de drapeaux qu'il confectionne : des petits papiers découpés, collés autour d'une épingle. Il paraît d'excellente humeur, ce qui n'est pas dans ses habitudes, d'après son épouse :

– Ça marche ! Partout les Alliés avancent ; chez nous, Cherbourg est tombée, et Caen aussi ! Maintenant c'est le commencement de la fin. Tu vas voir nos amis débouler, et les Boches filer comme des lapins...

Je l'écoute, son dos remue, ses mains s'agitent... Mes yeux refusent de rester ouverts, j'ai mal dormi la nuit dernière.

Maman rentre en fin d'après-midi, comme promis. Nous mangeons ensemble.

L'électricité s'éteint brusquement, ça arrive souvent, paraît-il.

– Hé, Laurent, n'allume qu'une seule bougie ! Si tu crois qu'on en trouve facilement... Et ne joue pas avec, s'il te plaît, tu vas brûler la nappe.

Je veux à nouveau savoir où se trouve mon père ; maman répète gravement qu'il est en voyage pour son travail.

Dans la nuit, il y a une alerte ; des sirènes mugissent pour avertir que des avions arrivent au-dessus de Paris. Maman me réveille, on descend à l'abri, dans la cave :

– C'est plus prudent, Laurent. Les Alliés ont beau viser les gares, les dépôts d'essence, les usines qui

travaillent pour les Allemands, il y a toujours des maisons atteintes.
La cave est presque pleine, tous les habitants de l'immeuble sont là avec nous. Serré contre maman sur un banc, encore tout engourdi, j'écoute le mari de Mme Simone qui rappelle les dernières nouvelles de la guerre d'une voix triomphante.
Soudain, on entend de sourds et lointains grondements. Ma mère se penche vers moi.
– N'aie pas peur des bombes, mon chéri, ici nous sommes protégés.
Je lui réponds à voix basse que j'ai moins peur des avions que des tanks ; tout à l'heure encore, j'ai revu celui de la ferme. Il détruisait tout de sa lourde masse, rien ne l'arrêtait. À la fin, il se dressait devant moi, prêt à m'écraser.

BOULANGERIE

L'alerte prend fin, nous remontons dans notre appartement.

Au matin, maman part travailler, et notre concierge m'emmène faire les courses. Je l'aide : pendant qu'elle va dans une boutique, moi je fais la queue devant une autre, je garde sa place en attendant qu'elle revienne. Tout le monde fait ça.
Les gens parlent autour de moi, ce sont toujours les mêmes histoires : le mari prisonnier depuis quatre ans, les difficultés de toutes sortes, la dame qui a perdu ses tickets de rationnement et se lamente : comment va-t-elle nourrir ses enfants jusqu'à la fin du mois ?
Tout à coup quelqu'un passe le long de la file où je me trouve, en distribuant des tracts. Certains les

rejettent par crainte, d'autres les enfouissent dans leur sac. Ces feuilles de papier parlent de résistance, de liberté, et de la fête du 14 juillet qui approche.
Ce jour-là, justement, le 14 juillet, maman travaille à l'hôpital comme d'habitude. Le ciel est gris, le soleil se cache. Pourtant on dirait que Belleville prend un nouveau visage. Mme Simone me fait remarquer, par exemple, que le tailleur, juste en face, a mis trois chemises dans sa vitrine. Comme par hasard, l'une est bleue, l'autre blanche, et la troisième, rouge. Des jeunes femmes se promènent, bras dessus, bras dessous. Leurs jupes forment aussi le drapeau tricolore interdit par les occupants.
Au fur et à mesure que la journée avance, la rue s'anime, se remplit.

Des gens du quartier, d'autres qu'on ne connaît pas. Mme Simone me dit de remonter chez moi.
J'obéis ; seulement je m'installe sur le balcon pour voir ce qui se passe dehors. Je ne suis pas le seul, il se trouve du monde à toutes les fenêtres.

Maintenant la rue est pleine, elle déborde. Brusquement un drapeau tricolore surgit. C'est comme un signal. La *Marseillaise* éclate, enfle, gronde. Des cars de police apparaissent au loin, mais personne ne songe à fuir. J'entends des cris : « La police avec nous ! La police avec nous ! »
Un des cars réussit péniblement à se frayer un chemin. Il stoppe presque à côté de la maison. Des agents en descendent, attrapent quelques manifestants au hasard, les font monter dans le

véhicule. Ils s'y prennent si mollement que les gens arrêtés, à peine entrés par une porte, ressortent par une autre... Les policiers ont bien changé.
Des cris éclatent partout : « Vive la France ! Vive la République ! Mort aux Boches ! Vive le 14 Juillet ! » Un homme s'adresse à la foule, grimpé sur l'échafaudage installé au bout de la rue. On ne peut entendre grand-chose d'ici, juste quelques mots rappelant que la prise de la Bastille, en 1789, est un symbole de la liberté.
Et puis la foule s'ébranle, suit le drapeau qui s'agite toujours. Le cortège se dirige vers le Faubourg-du-Temple. Les cars de police reculent. Moi, je reste un moment encore sans bouger, fasciné par le spectacle, la tête en ébullition.

En quittant le balcon, je m'aperçois

qu'Oscar est perché sur la gouttière. Je l'appelle, il s'envole. Peut-être est-il fâché du peu de miettes que je lui donne ? Ce n'est pas de ma faute, Oscar...

6

La barricade

Août 1944

Papa rentre un soir à la maison à l'improviste ! Il n'a pas l'air de quelqu'un qui revient de voyage, sans bagages, sans cravate autour du cou ; il en porte toujours une à cause de son travail au ministère.
Je saute dans ses bras, on s'embrasse de toutes nos forces. Lorsqu'il s'installe sur le canapé, je lui raconte mes aventures, comme je les ai racontées à maman... Il m'écoute avec attention, mais j'ai

l'impression qu'il connaît déjà mon histoire. Ensuite, lorsque nous parlons du 14 juillet dans le quartier, encore une fois, papa semble être au courant. Le plus étonnant, c'est qu'à peine une demi-heure après son arrivée, mon père se lève et nous annonce qu'il doit repartir. Ce qui n'a pas l'air de surprendre maman. Moi, je n'y comprends rien.
Ce soir-là, elle est bien obligée de m'expliquer que papa fait partie, comme elle, d'une organisation secrète qui lutte contre les Allemands et pour une vie plus belle après la guerre. Lui, est obligé de se cacher. Ils ne se rencontrent pas souvent, par précaution, presque toujours dans la rue ou dans un jardin public. C'est pour cette raison qu'ils m'ont envoyé à la campagne, afin de me mettre à l'abri

de ce qui pourrait leur arriver.
Longtemps, avant de m'endormir, je songe à ce que j'ai appris. Les idées se bousculent dans ma tête, mais finalement, c'est mon cauchemar habituel qui reprend le dessus. Sauf que cette fois, le tank de la ferme cherche à nous écraser tous les trois, mes parents et moi, et non plus moi tout seul.

Par bonheur, le mari de notre concierge me change les idées, le matin venu. Tous les jours maintenant il avance les drapeaux sur la carte de France, avec accompagnement d'exclamations enthousiastes. Sa femme lui apporte les journaux, y compris quelques-uns imprimés par la Résistance, et il passe son temps à écouter la radio, poussant des jurons à chaque panne de courant.

Et il y en a souvent :
– Regarde ça, Laurent, les Alliés sont en Bretagne, en pays de Loire. Des Français sont parmi eux, l'armée du général Leclerc !
Il pique ses drapeaux en direction de la Seine. Les jours passent, il m'annonce :
– Ils ne sont plus qu'à trois cents, non, deux cents kilomètres de Paris !

Les événements se précipitent. Le 10 août, les cheminots se mettent en grève ; le mardi 15, la radio annonce un autre débarquement allié, en Provence cette fois. Paris s'agite, nous apprenons que les policiers parisiens sont en grève, eux aussi. Le lendemain, il n'y a plus du tout de métro, plus de gaz et plus d'électricité. Un peu partout, les résistants attaquent, ils cherchent à se procurer des armes. On raconte à Mme

Simone qu'à la porte d'Orléans, un cycliste a jeté une grenade sur un camion plein de soldats ennemis.
Maman part à l'hôpital comme d'habitude.

Les voisins nous donnent des nouvelles en passant devant la loge. Chacun a la sienne. L'un a vu de longs convois allemands en train de quitter la ville, emportant dans leurs véhicules les objets qu'ils ont volés. Un autre a rencontré des résistants en armes, en plein Paris, le brassard des FFI au bras. Je demande ce que c'est que les FFI ; on me répond qu'il s'agit des Forces françaises de l'intérieur, qui rassemblent tous les groupes armés des divers mouvements de la Résistance, les partisans de de Gaulle et les autres. La préfecture de police est occupée,

on s'y est battu, paraît-il.
Je guette chaque soir le retour de maman, craignant qu'il lui soit arrivé quelque chose dans la journée. Je pense aussi à mon père ; lui a complètement disparu.

Nous avons un problème : il n'y a plus rien à manger à la maison, les boutiques sont vides, ou même fermées. Comme bien d'autres, notre voisin de palier va en vélo essayer de trouver de la nourriture dans la grande banlieue. À son retour, il nous offre généreusement un fromage, et maman ramène du pain de son travail.

Le 21 août, une voiture allemande passe à toute vitesse dans notre rue ; les occupants tirent une rafale de mitraillette contre deux ou trois fenêtres déjà garnies de drapeaux tricolores. On entend d'ailleurs d'autres coups de feu au loin, toute la journée. Il y aurait des accrochages entre résistants et Allemands aux Buttes-Chaumont et à Ménilmontant. Sûrement ailleurs aussi. Maman dit que les nazis ont regroupé leurs soldats dans quelques îlots, sur les Champs-Élysées par exemple, ou alors plus près de chez nous, place de la République. Ils ne se déplacent plus qu'en groupes. Place de la Concorde, ils tirent au hasard dans le vide, mais la rumeur court qu'Hitler a donné l'ordre de brûler tout Paris...

Je n'ai pas le droit de sortir de la maison. De toute façon, je crois que je n'oserais pas. Mme Simone, au contraire, doit se battre avec son mari

qui n'a qu'une seule envie, aller voir dehors ce qui se passe. Elle lève les bras au ciel :
– Tu aurais l'air fin, s'il arrivait quelque chose, à galoper avec tes béquilles !

Au matin du 22 août, je vois par la fenêtre un groupe de FFI coller des affiches dans la rue. Avant même qu'il ne s'éloigne, des gens accourrent voir de quoi il s'agit.
L'affiche est un appel du Comité parisien de libération. Son titre : « Tous aux barricades ».

Je ne sais pas comment cela commence. Maman a son jour de repos aujourd'hui, elle achève juste de s'habiller. Nous entendons dans la rue un fort remue-ménage. Plein de gens s'affairent déjà : des hommes, armés de

pics et de pioches, commencent à dépaver la chaussée et à empiler les pierres. D'autres, hommes et femmes, sortent des maisons les sacs de sable préparés pour éteindre les incendies que pourraient provoquer les bombardements, ainsi que les grosses poubelles de fer. Bientôt apparaît le bric-à-brac des caves que l'on vide, sommiers, vieux meubles, vieux matelas, vieilles portes...

– Je descends, m'annonce maman. Toi, tu ne bouges pas. Ou alors va chez Mme Simone.

Son visage brille. Un baiser, et elle se précipite. Tout de suite, je la vois en bas de chez nous prendre sa place dans une chaîne humaine, qui porte de bras en bras les pavés jusqu'à la barricade ; celle-ci prend forme, s'élargit, grandit. Des groupes traînent des arbres abattus

HOTEL

sur le boulevard, ainsi que des morceaux d'échafaudage. Il y a de plus en plus de monde, y compris des combattants armés, le brassard au bras. Chacun paraît joyeux, crie, chante... Je n'ai jamais vu ça. Je suis sûr que la même révolte a éclaté dans tout Paris.

La porte de l'appartement s'ouvre, mon père paraît, une mitraillette accrochée à son dos. Il ouvre les bras :
– Salut, fiston ; j'arrive, et il fallait bien que je t'embrasse.
Il redescend aussitôt rejoindre ma mère. Je les vois s'affairer avec les autres. À chaque instant, on jette sur la barricade de nouveaux objets, encore des pavés, des poutres, de la ferraille... Elle est énorme maintenant, très large et dépassant la hauteur d'un premier étage.

Il est midi lorsque des Allemands paraissent : un tank, plus gros que celui de la ferme, abritant des soldats derrière lui, armes tendues.
L'épouvante me cloue sur le balcon. À mes pieds, une partie des gens recule en hâte, cherchant un abri. Mais ceux qui sont armés se collent à la barricade, se préparent au combat. D'autres se montrent aux fenêtres voisines, des bouteilles incendiaires en main.
La suite va très vite : le tank ne tire pas, mais accélère, fonce vers l'obstacle dressé devant lui. Des coups de feu éclatent de toute part. Des grenades explosent, des bouteilles. Moi, comme fasciné, je ne vois que l'horrible tank heurter la barricade, essayer de la repousser, de la renverser. Il gronde, appuie, insiste. Rien n'y fait : la barricade résiste !

Le char recule, bat en retraite, des flammes l'entourent. Il recule encore, disparaît au tournant de la rue accompagné par des cris de joie. Je crois bien qu'Hitler n'arrivera pas à brûler Paris !

STRASBOURG

7

La fin de l'histoire

Avril 1946

Presque deux ans ont passé depuis que j'ai vu reculer le char allemand devant la barricade de Belleville. Les batailles ont duré quelques jours encore ; et puis l'arrivée de l'armée Leclerc a permis d'achever la libération de Paris déjà bien engagée par les Forces françaises de l'intérieur. Non, Paris n'a pas brûlé, les Allemands ont capitulé le 25 août. Je me souviens des cloches qui sonnaient à toute volée dans toutes les églises, et de la foule énorme, célébrant sa victoire, le lendemain, sur les Champs-Élysées, avec le général de Gaulle. Tout le monde pleurait de joie, sans honte, y compris mon père, ma mère, et moi aussi…

La guerre est terminée depuis un an ; mes parents ont voulu voir les lieux où j'ai vécu avant mon retour à Paris, et rencontrer les gens qui m'ont aidé. L'occasion s'est trouvée grâce à une lettre nous invitant au mariage de Linette et d'Antoine.
C'est le printemps. Dans la clairière des bois de Saint-Martin, la grange des maquisards est ornée de guirlandes, les cerisiers sont en fleurs. De grandes tables couvertes de draps blancs, pleines de victuailles et de bouteilles, nous attendent pour le repas.
Je vois tante Jeanne et l'oncle Gustave

dont les moustaches sont devenues blanches ; dès leur sortie de prison, à la Libération, ils ont fait reconstruire leur ferme et replanté des arbres.Mes parents parlent avec ceux de Nora dont je ne garde pas un très bon souvenir : qu'importe, Nora seule compte, je l'ai retrouvée, nous sommes devenus amis en un instant. Elle habite en ville, mais elle va bientôt déménager à Paris pour de bon. Nous pourrons nous voir souvent, j'espère.

Voilà Linette et Antoine qui paraissent, la main dans la main, souriants, joyeux :

– Allez ! crie Linette, c'est l'heure de l'apéro.

Les invités avancent vers les tables, parmi eux, je reconnais quelques-uns des anciens maquisards. Mais ni Paco, ni Capitaine. Tous deux reposent au

cimetière du village ; ils sont morts, les armes à la main, à quelques pas d'ici, face aux Allemands qui ont attaqué le maquis après notre fuite.
– On a le temps avant de se mettre à table, me souffle Nora. Tu viens ? On va faire un tour.
Elle m'offre une tablette de chewing-gum ; elle en raffole. Je la regarde, elle n'a pas tellement changé en grandissant, les cheveux courts, et surtout le même regard, plein de chaleur.
– D'accord.
Nous partons, sans nous faire remarquer. Ensuite nous courons. Instinctivement, je prends le chemin que nous avions suivi autrefois avec Linette et Antoine.

Nora adore parler, raconter ; elle en

profite chaque fois que nous ralentissons notre course : j'apprends qu'elle a des cousines à Paris, que sa mère lui a promis une nouvelle robe, et qu'à l'école, elle aime bien l'histoire, mais pas les accords des participes passés. Quand elle sera grande, elle sera infirmière. Tiens, comme ma mère. À un moment donné, elle me demande si j'entends les oiseaux qui piaillent dans les alentours ? Ça me fait rire, je réponds qu'elle parle trop pour que je puisse entendre autre chose que le son de sa voix.

La forêt s'arrête devant nous ; je reconnais l'endroit, les champs, la route.

– C'est beau, dit Nora.

– Oui, n'empêche que c'est là que j'ai eu une des plus grosses peurs de ma vie.

– Ta vie ! coupe Nora. Pour ce que t'es vieux...
– D'accord, il n'empêche…
À mon tour de raconter :
– J'ai cru ce jour-là qu'en quittant les bois, tous les Allemands du monde allaient me tomber dessus, et tous les avions anglais, me bombarder...
Elle rit, mais gentiment :
– Tu n'as plus peur aujourd'hui, bien sûr.
– Bien sûr. Il n'y a plus de soldats allemands en France. Mais je crois que la peur m'a quitté la fois où j'ai vu reculer le tank dans la rue où j'habite...

Ça me fait rêver un instant. Je revois Linette et Antoine, le cheminot résistant, mon père et ma mère, tous les gens derrière la barricade... Et aussi Paco et Capitaine, qui ne savent pas que

nous pouvons être heureux aujourd'hui grâce à eux, et à tant d'autres.
Ah, j'oubliais : au-dessus du balcon de notre appartement de Paris, Oscar a maintenant de la compagnie, toute une volée de moineaux. « Normal, m'a dit mon père, avec ce que tu leur donnes à manger. »
Mon père a raison, je leur donne à manger. Mais je parle aux oiseaux beaucoup moins qu'à la ferme : je ne suis plus seul, et il me semble que j'ai grandi.

Achevé d'imprimer en mai 2004
sur les presses de CCIF
à Saint-Germain-du-Puy (18) - France
Dépôt légal : mai 2004

Dans la même collection :

P'tite mère
Dominique Sampiero / Monike Czarnecki

Oh là là Lola
Clotilde Bernos / Olivier Tallec

Ce matin, mon grand-père est mort
Karim Ressouni-Demigneux / Daniel Maja

Ciel ! les Martiens !
Gianni Rodari / Bruno Heitz

Les quatre saisons de Rose
Rascal / Nathalie Novi

L'enfant du zoo
Didier Daeninckx / Laurent Corvaisier

Il fera beau, Julot !
Anne Kerloc'h / Clotilde Perrin

La série Viva Fausto :

Le match de foot qui dura tout un été
Bernard Chambaz / Zaü

Le tour de France sur mon beau vélo jaune
Bernard Chambaz / Zaü

Les JO, les dieux grecs et moi
Bernard Chambaz / Zaü